침엽수(바늘잎나무라고도 함.)는 바늘처럼 생긴 잎과 단단한 솔방울열매를 달고 있습니다. 침엽수는 대부분 사계절 내내 잎이 푸르답니다.

호숫가 숲에 늙은 나무 한 그루가 서 있어요. 사시사철 잎이 푸른 발삼전나무예요. 발삼전나무의 굵은 바늘잎은 짙은 초록색이랍니다. 거친 줄기는 말라붙은 나뭇진으로 울퉁불퉁해요. 이 나무는 혼자가 아니에요. 근처에 있는 나무들과 숲을 이루고 있어요.
세계의 북쪽 끄트머리에 있는 숲을 냉대림이라고 해요. 냉대림에서는 침엽수와 낙엽수가 같이 자라지요. 겨울은 길고, 여름은 짧고 서늘해요.

* 발삼전나무는 북미지역에 분포하는 침엽수로 크리스마스 트리로 이용합니다.
* 냉대림은 스칸디나비아 반도에서 러시아 북부, 시베리아, 알래스카 남부를 거쳐 캐나다에 이르는 냉대 기후 지역에 분포하는 침엽수가 많이 자라는 숲입니다.

낙엽수는 해마다 가을이나 겨울에 잎이 떨어지는 나무입니다. 마가목과 자작나무는 낙엽수입니다.

삼나무와 가문비나무는 가지에 수많은 솔방울열매를 달고 서로 몸을 기댄 채 삐걱거려요. 옆에는 흰 꽃이 피는 마가목도 있어요. 하얀 나무껍질이 얇고 둥글게 말리면서 벗겨지는 자작나무도 바람 속에서 휘파람을 불고 있어요.
이 거대한 북쪽 숲에는 수많은 나무가 있어요. 어린나무도 있고, 늙은 나무도 있지요. 이 나무들은 오랜 세월 동안 드센 비와 거친 눈보라를 견뎌 내기도 하고, 짧은 여름을 지내기도 하며 여기 서 있어요. 작은 씨앗이었던 발삼전나무는 시간이 지나 여윈 어린나무가 되었지요. 지금은 줄기가 굵어져 지름이 60센티미터에 이른답니다.

박새는 발삼전나무에 자리 잡고 살아요. 이 작은 새는 겨우내 따뜻한 남쪽으로 날아가지 않고 숲에 머문답니다. 이 작은 새는 나무 구멍 안에 이끼, 동물 털, 깃털을 엮어 둥지를 틀어요. 직접 나무에 구멍을 파기도 하고, 딱따구리가 남겨 둔 구멍을 사용하기도 하지요. 박새는 발삼전나무에서 집도 얻고 먹잇감도 얻는 거예요.

박새는 식물 씨와 곤충의 알과 애벌레, 그리고 곤충을 먹고 삽니다. 박새는 나무를 부리로 쪼아 껍질을 벗기고 먹이를 찾아냅니다. 냉대림에는 이런 먹잇감이 많습니다.

아메리카붉은다람쥐는 아메리카붉은청서라고도 합니다. 주로 침엽수의 씨를 먹지만 버섯을 먹기도 합니다.

아메리카붉은다람쥐는 끽끽거리며 발삼전나무 줄기를 오르내려요. 그러다가 나뭇가지 사이를 건너뛰며 씨앗과 열매를 먹지요. 날씨가 좋지 않을 때는 나무의 부드러운 바늘잎 안으로 깊이 파고든답니다.

사슴, 말코손바닥사슴, 토끼는 날이 궂으면 발삼전나무 밑으로 피해요. 발삼전나무의 울창한 나뭇가지가 비나 바람이나 눈을 막아 주지요. 올빼미는 큰 줄기에서 가까운 곳에 자리 잡아요. 그리고 독수리는 나무 꼭대기에 앉아 호수에서 헤엄치는 물고기를 노려요.

발삼전나무는 동물들의 훌륭한 먹잇감이 되기도 해요.
나방 애벌레는 나무의 가지 끝을 갉아 먹고,
다람쥐는 나무의 씨와 나무껍질을 먹지요.
봄에는 흑곰이 나무껍질 안쪽에 새로 생긴
초록색의 연한 줄기를 벗겨 먹어요.
이렇게 동물들의 먹이가 되어 주다가는
발삼전나무가 약해질 수도 있어요.
하지만 나무는 꿋꿋이 버텨 냈어요. 수십 년
동안 이곳에서 동물들에게 편안한 잠자리와
쉼터, 먹잇감이 되어 주었지요.

가문비나무잎말이나방은 냉대림에 가장
파괴적인 영향을 주는 곤충입니다. 이 나방의
애벌레는 침엽수 잎을 마구 먹어서 시들게
하고, 심지어 말라 죽게도 합니다.

나무가 쉴 곳이나 먹을 것만 주는 것은 아니에요. 오염을 정화하기도 하지요. 나무는 이산화탄소를 흡수해서 우리가 숨 쉬는 데 필요한 산소로 바꾸어 놓아요. 큰비가 쏟아지는 동안에는 빗물이 천천히 흐르도록 해서 흙이 쓸려 가지 않도록 해 줘요. 나무는 사람들에게도 중요해요.

나뭇잎은 물과 이산화탄소를 흡수합니다. 그리고 잎에 있는 엽록체라는 작은 알갱이는 태양 에너지를 이용해서 물과 이산화탄소를 양분으로 변화시키고 산소를 내 보냅니다. 이 과정을 광합성이라고 합니다.

나무는 뿌리로 흙 속에 있는 양분을 흡수합니다. 나무가 죽으면 잎과 줄기, 뿌리가 시들고 분해되어, 그 속에 있던 양분이 흙으로 돌아갑니다. 그 뒤 다른 식물이 이 양분을 흡수합니다.

나무는 영원히 살 수 없어요.
불에 타서 사라지기도 해요. 숲 바닥을 따라 번지는 불길은 떨어져 있는 낙엽과
나뭇가지를 태워요. 숲 아래쪽에서 일렁거리는 불길은 나무 밑동을 집어삼켜요.
숲 위쪽을 태우는 큰불은 바람을 타고 나무 꼭대기에서 나무 꼭대기로
옮겨 가면서 숲에 있는 모든 나무를 태워요.
지구 온난화로 기온이 오르고, 눈이 일찍 녹고, 흙이 건조해지면서
이런 화재가 점점 더 자주 심하게 일어나고 있어요.

어떤 나무는 곤충의 공격을 받아 사라지기도 해요. 미국 곳곳에서 물푸레나무, 느릅나무, 밤나무 숲이, 독일에서 수많은 너도밤나무 숲이, 시베리아의 드넓은 땅에서 전나무, 소나무, 가문비나무 숲이 곤충의 공격을 받고 있어요.

전 세계에서 배고픈 곤충들이 나무에 구멍을 뚫고 있어요. 그리고 나뭇잎과 나무껍질, 부드러운 속살을 먹지요. 이들이 나무에 알을 낳으면 더 많은 곤충이 생겨나 더 큰 피해가 생겨요. 곤충은 나무에 병균을 옮기기도 해요. 곤충이 나무에 뚫어 놓은 구멍이나 틈으로 병균이 들어가면 나무는 병에 걸리는 거예요. 세계 곳곳에서 질병이 나무를 공격하고 있어요. 이탈리아에서 올리브밭을 휩쓸고, 캐나다에서 느릅나무 숲을 병들게 하고, 아프리카에서 바오바브나무를 쓰러뜨려요.

이탈리아에서는 나뭇진을 먹는 거품벌레 같은 곤충이 올리브나무에 병을 옮겨서 국가 경제와 일자리에 큰 피해를 주었습니다.

나무는 날씨 때문에 사라지기도 해요. 가장 오래된 나무, 가장 큰 나무조차 날씨 때문에 피해를 입어요.
어느 날 바람이 윙윙 휘몰아치면서 호숫가에 거친 물결이 출렁거려요.
비가 억수같이 쏟아지고 천둥 번개가 쳐요. 발삼전나무 뿌리는 더는 버티지 못해요.
우두둑! 우지끈! 쿵쾅!
요란한 소리를 내며 땅에 쓰러져요.

강한 바람에 나무뿌리가 뽑히면 뿌리에 붙은 흙덩어리도 같이 떨어져 나옵니다.

나무는 넘어지지 않도록 땅속으로 뿌리를 뻗지만,
바람이 불면 옆쪽에서 압력을 받습니다.
거센 폭풍에 어린나무는 줄기가 부러지고
오래된 나무는 뿌리가 뽑힐 수 있습니다.

이것이 전부일까요? 나무의 긴 생애가 이렇게 끝난 것일까요? 나무의 시간이 다 지나가 버렸다고 생각하기 쉽지요.
하지만 남아 있는 이야기가 있어요. 나무는 무언가를 끊임없이 주어요. 숲은 여전히 이 나무가 필요해요. 이제 나무의 두 번째 생애가 시작된 거예요. 변화는 눈에 띄지도 않는 작은 움직임에서 출발해요. 세균이라고 불리는 작은 생명체는 우리가 볼 수는 없지만, 이곳에 가장 먼저 나타나요. 나무가 쓰러지면 세균들은 단단한 나무줄기의 섬유질을 분해하기 시작하지요. 하지만 세균이 혼자 활동하는 건 아니에요. 여러 생물이 팀을 이루어 함께 일한답니다.

나무는 쓰러지자마자 조직이 연해지면서 분해되기 시작합니다. 재활용 일꾼인 세균과 곤충들, 곰팡이나 버섯 같은 균류가 팀을 이루어 단단한 나무를 갉고 으깨고 부스러트립니다.

다음에 등장하는 것은 나무에 구멍을 뚫고 다니면서 나무 표면에 길을 새기는
나무좀이라는 곤충이에요. 나무좀이 지나간 곳에서는 고운 톱밥이 쌓인 것을 볼 수 있어요.
그 뒤로 다른 곤충들과 노래기, 거미들이 따라와요.
이들은 나무를 아작아작 우적우적 씹어서 연하게 만들어요.
나무껍질에는 버섯이 줄지어 자라기 시작해요.
나무에 붙어 자라는 버섯은 단단한 조직을 잘게 쪼개요.
왕개미는 나무를 씹어 먹으면서 나무속으로 들어가 집을 지어요.
그리고 쓰러진 나무를 잘게 부수고 가루를 내어 약하게 만들어요.

나무좀은 훌륭한 분해자입니다.
나무좀의 어른벌레와 애벌레는
쓰러진 나무에 구멍을 뚫고
들어가 나무를 갉아 먹습니다.

지렁이는 세균과 균류를 먹습니다.
또한 죽은 나무 찌꺼기를 분해해서 식물이
잘 자라게 하는 부엽토를 만듭니다.

봄비가 내려 나무뿌리가 뽑혀 나간 구덩이에 물이 고여요. 숲 짐승과 새들이 찾아와 웅덩이에 고인 물을 먹어요. 보드라운 진흙땅을 좋아하는 개구리와 두꺼비, 도롱뇽도 웅덩이를 찾아요. 혀가 끈끈한 얼룩도롱뇽은 웅덩이에서 쥐며느리와 달팽이를 찾아요. 나무 둘레에서 꽃자루들이 올라와요.
나무의 두 번째 생애는 계속되고 있어요. 레이스처럼 섬세한 고사리 잎 사이로 얼레지, 금낭화, 매발톱꽃이 곱게 피어 나무 둘레를 포근히 감싸요.
숲 바닥에 노랑, 분홍, 빨강 꽃들이 점점이 흩어져 가고 있어요.

냉대림 바닥은 보통 이끼와 고사리, 들꽃으로 덮여 있습니다.

동고비와 휘파람새는 나무에서 곤충을 잡아먹어요. 딱따구리는 나뭇조각을 공중에 흩뿌리며 나무에 구멍을 내고 있어요. 여름이 오면 딱따구리가 만든 작은 구멍에 생쥐와 뒤쥐들이 자리 잡아요.
뱀과 도마뱀은 나무가 갈라져 생긴 틈을 무척 좋아해요. 위험이 닥칠 때마다 나무껍질 밑으로 기어들지요. 나무의 두 번째 생애는 먹잇감과 집을 찾는 동물들로 북적거리며 활기가 넘쳐요.

딱따구리가 만든 나무 구멍은 지빠귀, 딱새, 소형 올빼미, 호저, 박쥐, 설치류를 비롯한 많은 동물과 새들의 집이 됩니다.

여름 동안 참새, 딱새, 박새류는 하루에 300마리나 되는 곤충을 먹어 치웁니다. 많은 곤충은 살아 있는 나무에 피해를 줍니다. 그래서 새들은 숲을 건강하게 지키는 데 큰 도움이 됩니다.

점점 더 많은 동물들이 나무에 찾아와요. 나무는 정말 쓸모가 많거든요! 동물들은 쓰러진 나무가 썩어 가는 동안 나무의 거의 모든 부분을 이용하지요. 붉은여우는 편편한 곳에 엎드려 느긋하게 햇볕을 쬐어요. 다람쥐와 아메리카붉은다람쥐는 어지러운 숲 바닥에 길게 놓인 나무줄기를 따라 경주라도 하듯 뛰어다녀요.

과학자들은 모든 야생 동물의 3분의 2 정도는 살면서 얼마 동안 쓰러진 나무를 이용한다고 추정합니다.

개울이나 연못에 쓰러진 나무도 두 번째 생애를 삽니다. 거북과 비버는 쓰러진 나무에 올라앉아 햇볕을 쬡니다. 아메리카담비와 밍크, 오리 같은 새들은 그곳에서 먹잇감을 잡습니다. 또 물고기와 개구리, 갑각류는 쓰러진 나무에 몸을 숨기고 새끼를 기르기도 합니다.

늦가을에는 포유류가 쉴 곳을 찾아요. 북방족제비는 빈 나무 구멍 안에 식물과 털을 깔아 잠자리를 만들어요. 흑곰은 뒤엉킨 나무뿌리 안쪽에 자리를 잡은 다음, 개미로 배를 채우고 긴긴 겨울잠을 준비하지요.

겨울바람이 불어오고 흰 눈이 쌓여 나무를 덮으면 온 세상이 고요해져요.
하지만 동물들은 그곳에 그대로 있어요. 개구리는 낙엽 더미 밑에서
겨울잠을 자고 있어요. 벌과 나비는 통나무 안에서 쉬고 있고요.
배고픈 생쥐는 쌓인 눈 밑에 파둔 굴을 종종거리며 들락거려요. 겨울이 오기 전에
나무 구석구석과 통나무 밑에 숨겨 둔 씨를 가지러 온 거예요.

쓰러진 나무 위아래와 틈새로 기어 다니는
개미들은 곰의 중요한 먹잇감입니다.

계절이 바뀌어도 나무는 계속 자신을 내어 줍니다. 나무가 얼마나 오래 견딜지는 여러 가지 조건에 달려 있어요. 나무가 단단한지, 무른지, 기후가 습한지, 건조한지, 나무줄기가 얼마나 긴지, 나무둥치가 얼마나 굵은지, 하는 것들 말이에요. 나무는 여러 짐승과 곤충, 새들에게 먹잇감과 피난처와 보금자리를 주면서 서서히 부스러져요. 마침내 나무의 모습을 찾아볼 수 없게 되지요. 나무는 그렇게 흙의 한 부분이 되어, 사는 동안 땅에서 얻은 양분을 돌려준답니다.

쓰러진 나무가 완전히 분해되기까지 걸리는 기간은 나무의 종류에 따라 다릅니다. 상록수처럼 무른 나무는 55년에서 125년이 걸립니다. 활엽수처럼 단단한 나무는 45년에서 70년이 걸립니다.

나무의 두 번째 생애가 끝나갈 즈음, 놀라운 일이 일어나요. 남아 있던 부분에서 초록색 작은 줄기가 돋아난 거예요. 씨가 싹 터 어린나무가 자라기 시작했지요. 어린나무는 나뭇잎 사이로 들어오는 햇빛을 따라 가지를 뻗어요.

쓰러진 나무는 분해되는 동안 흙을 기름지게 해서 씨에서 새싹이 나오고 뿌리 내리기 좋은 환경을 만들어 줍니다.

쓰러진 나무에 모인 씨 중에는 바람에 날려 온 것도 있고, 생쥐, 두더지, 멧밭쥐 들이 겨울에 먹으려고 모아 둔 것도 있습니다.

쓰러진 나무에서 어린나무가 자라기 시작하면 주변의 흙 속으로 뿌리가 뻗어 나갑니다. 이윽고 어린나무를 지탱하는 뿌리가 굵고 튼튼해져 큰 나무로 자라게 됩니다.

자연은 가장 위대한 재활용 일꾼이에요. 나무는 두 번째 생애를 마치면서 선물 하나를 남겼어요. 초록색 어린나무가 여행을 시작하도록 한 거예요. 숲에는 이런 어린나무가 필요해요. 새 생명이 새 출발을 하고 있어요.

숲에 있는 죽은 나무들은 숲이 병들었다는 신호가 아닙니다. 숲이 건강한 상태를 유지하기 위해 어떤 나무들은 죽음을 맞이하여 숲에 새 생명을 불어넣는 거예요.

지은이의 말

나는 어린 시절부터 숲을 참 좋아했어요. 그래서 지금도 봄, 여름, 가을 숲으로 나들이를 가요.
겨울에는 눈신을 신고 숲을 찾지요. 숲에서는 좋은 냄새가 나고 볼거리도 아주 많아요.
마을 숲이나 공원에서도, 자연 휴양림에서도 나는 언제나 나무들을 눈여겨보아요.
뿌리가 뽑혀 쓰러진 나무, 구멍이 생긴 채 서 있는 나무, 가지가 부러져 나간 나무 등
누구나 쉽게 찾아볼 수 있는 것들이지요.
전에는 숲 관리인들이 죽거나 부러진 나무들을 치워 버렸어요. 숲을 깔끔하게 유지하려고
한 거예요. 마른 가지가 너무 많으면 불이 날 수 있다고도 생각했지요. 매우 활동적인
나무의 '두 번째 생애'를 깨닫지 못했던 거예요. 최근 들어 연구자들은 쓰러진 나무와 부러진 가지,
선 채로 죽은 나무들을 그대로 남겨 두는 것이 식물과 동물, 그리고 숲의 전반적인 건강 상태에
매우 중요하다는 사실을 밝혀냈어요.
나무가 무엇보다 좋은 점은 거의 항상 다른 생물들이 같이 보인다는 거예요. 나무줄기로
내달리다가 구멍으로 뛰어드는 다람쥐, 쓰러진 나무 위로 층층이 두껍게 자란 아름다운 버섯,
바람 부는 어느 봄날 곤충을 잡아먹으려고 쓰러진 나무에 날아내리는 휘파람새 같은 것들
말이에요. 내가 가장 좋아하는 것은 햇살 내리쬐는 통나무에 느긋하게 몸을 눕힌 채,
지나가는 내 모습을 지켜보는 붉은여우지요.
살아 있든 죽었든, 모든 나무는 갖가지 생명 활동이 일어나는 작은 서식지예요.
우리에게 필요한 것은 멈춰서 보는 것뿐이에요. 죽은 나무에도 생명이 깃들어 있어요.
봄, 여름, 가을, 겨울 언제나 야생의 생명력이 넘쳐난답니다.

부러진 나뭇가지와 쓰러진 나무 탐구

다음에 숲에 가면 나무 탐구 시간을 가져 보세요. 구멍이 생겼거나 가지가 부러져 나간 나무, 쓰러진 통나무를 찾아요. 이런 나무를 찾았으면 다음 질문들을 던져 보세요.

- 그 나무나 통나무에는 무슨 일이 일어났을까요?
- 서 있거나 쓰러진 나무에 무엇이 살고 있나요? 이끼, 곰팡이, 버섯, 곤충이 보이나요?
- 딱따구리가 쪼았던 흔적이 있나요? 어떻게 보이나요?
- 개울이나 연못가에 나무가 쓰러져 있다면, 곤충이나 물고기가 보이나요? 쓰러진 나무가 물의 흐름에 영향을 미치나요?
- 죽은 나무줄기를 만져 보세요. 어떤 느낌인가요? 촉촉한가요, 말랐나요?
- 나무껍질이 나무에서 잘 떨어지나요? 나무껍질이 땅에 떨어져 있나요?
- 통나무를 들어서 천천히 굴릴 수 있나요? 통나무 밑에는 누가 살고 있나요?
- 나무가 죽은 뒤 시간이 얼마나 흘렀을까요?

나만큼이나 미시간 북부의 숲을 좋아하는 엘라이자에게,
사랑하는 브라이언과 모린, 그리고 브라이언을 위해
- 에이미 M. 비소네트

언제나 사랑스러운 미아, 에어런, 앤더를 위해
- 닉 존스

도토리숲 과학그림책 03
나무는 두 번 살아요

초판 1쇄 펴낸 날 2023년 3월 30일
초판 2쇄 펴낸 날 2023년 10월 24일

글쓴이 에이미 M. 비소네트 | 그린이 닉 존스 | 옮긴이 윤소영

펴낸이 권인수 | 펴낸 곳 도토리숲
출판등록 2012년 1월 25일(제313-2012-151호)
주소 (우)03940 서울 마포구 모래내로 7길 38, 2층 202-5호(성산동 137-3)
전화 070-8879-5026 | 팩스 02-337-5026 | 이메일 dotoribook@naver.com
인스타그램 @acorn_forest_book | 블로그 http://blog.naver.com/dotoribook
기획 권병재 | 편집 황혜진 | 디자인 박정현

ISBN 979-11-85934-92-1 74470
     979-11-85934-37-2 (세트)

* 이 책에 실린 내용을 이용하시려면 반드시 저작권자와 도토리숲의 동의를 받아야 합니다.
* 책값은 뒤표지에 있습니다.
* 잘못 만든 책은 구입하신 서점에서 바꾸어 드립니다.

The Second Life of Trees written by Aimée Bissonette and illustrated by
Nic Jones Text Copyright © 2021 by Aimée Bissonette
and Illustrations Copyright © 2021 by Albert Whitman & Company
Published by arrangement with Albert Whitman & Company
First published in the United States of America in 2021 by Albert Whitman
& Company, 250 South Northwest Highway,
Suite 320, Park Ridge, Illinois 60068 USA ALL RIGHTS RESERVED

Korean Translation Copyright © 2023
by Dotori Forest Publisher
This Korean Language Edition is published by arrangement with Albert Whitman
& Company through The Agency Sosa

이 책의 한국어판 저작권은 에이전시 소사를 통해
Albert Whitman & Company 와의 독점 계약으로 도서출판 도토리숲에 있습니다.
저작권법에 의해 한국 내에서 보호를 받는 저작물이므로 무단전재와 무단복제를 금합니다.

제조자명 도토리숲 | 제조국 대한민국 | 사용연령 5세 이상

글 에이미 M. 비소네트
에이미 M. 비소네트의 그림책들은 자연을 사랑하는 작가의 마음을 잘 드러냅니다. 미네소타주와 미시간주 북부의 냉대림을 즐겨 찾아 새들을 관찰하곤 합니다. 날씨가 어떻든 반려견과 함께 야외 활동을 즐기는데, 눈신을 신고 설원을 누비는 스노슈잉을 특히 좋아합니다. 미네소타주 미니애폴리스에서 가족과 함께 살고 있습니다.

그림 닉 존스
배우자와 세 자녀, 고양이와 함께 구름이 아름다운 잉글랜드 북서부에서 살고 있습니다. 삽화 관련 석사 학위를 위한 연구를 진행하면서 전문 그림 작가로 활동하고 있습니다. 연구나 작업을 하지 않을 때 가장 좋아하는 활동은 가족과 함께 장화를 신고 집 근처 숲과 들판을 걸어 다니는 것입니다.

옮김 윤소영
서울대학교에서 생물교육학을 전공했습니다. 많은 과학 관련 도서를 기획하고 쓰고 옮겼으며, 어린이와 청소년을 위한 과학책을 쓰는 데 애정을 갖고 있습니다. 생명, 환경, 지속 가능성을 깊이 생각합니다. 지은 책으로 《어보세요, 생태계씨! 안녕하신가요?》, 《종의 기원, 자연 선택의 신비를 밝히다》, 《옛날 옛적 지구에는》, 《넌 무슨 동물이니?》 들이 있으며, 옮긴 책으로 《갈라파고스》, 《시턴 동물 이야기》, 《판스위스 교수의 생물학 강의》, 《세상에서 가장 재미있는 유전학》, 《돌은 살아 있다》 들이 있습니다. 2005년 《종의 기원, 자연선택의 신비를 밝히다》로 과학기술부와 한국과학문화재단이 주관하는 '제6회 대한민국 과학문화상'을 수상했습니다.